~ Art Photographique ~

Le Nu & le Drapé

en plein air

TEXTE ET ILLUSTRATIONS
de MM. Paul BERGON et René LE BÈGUE

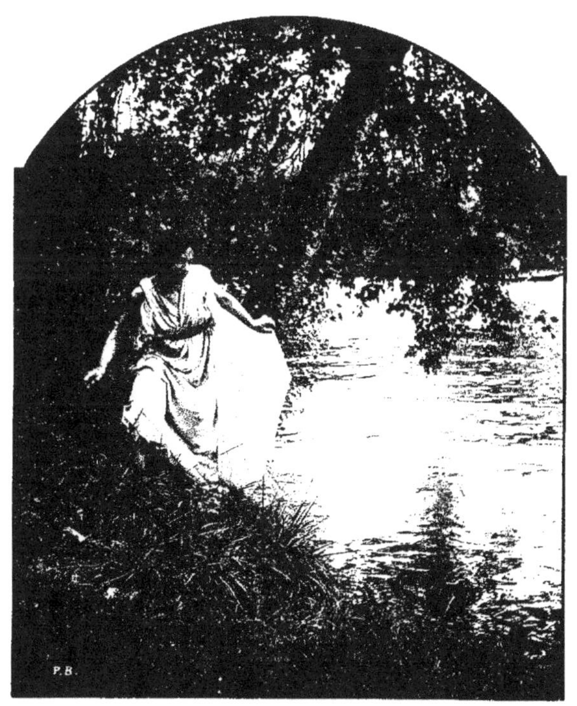

PARIS

CH. MENDEL, Éditeur
118, Rue d'Assas, 118 bis

Le Nu et le Drapé

en Plein Air

Art Photographique

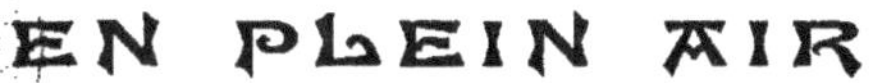

Le Nu & le Drapé

en plein air

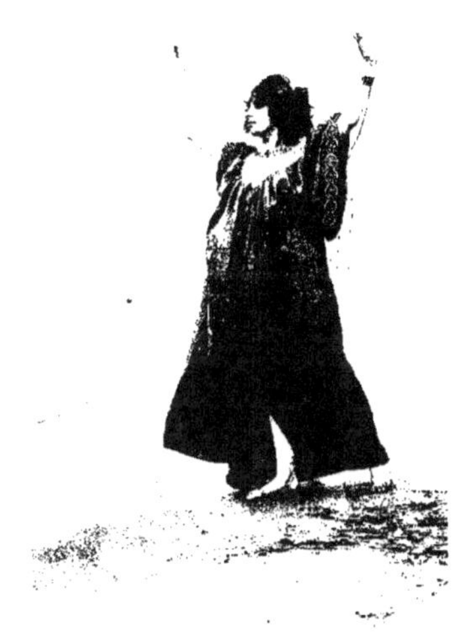

TEXTE ET ILLUSTRATIONS

de MM. Paul BERGON et René LE BÈGUE

PARIS

CH. MENDEL, ÉDITEUR

118, Rue d'Assas, 118 bis

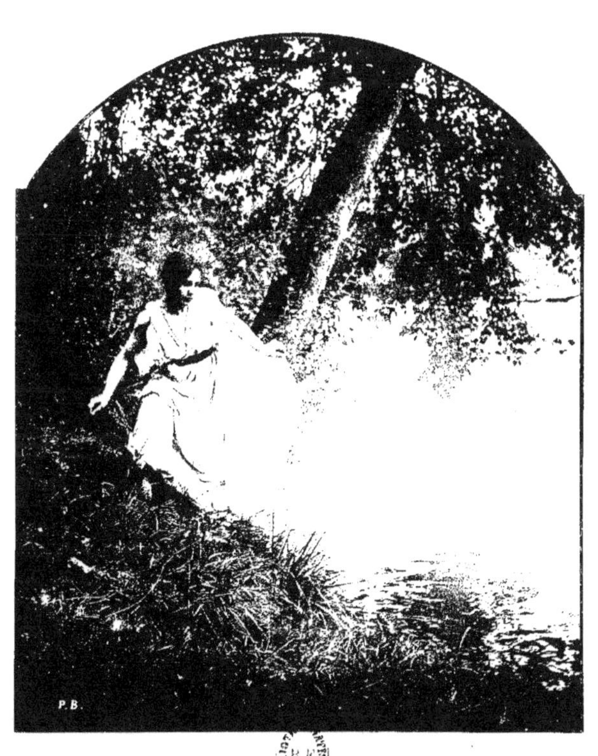
P. B.

Le Nu

et Le Drapé

en plein air

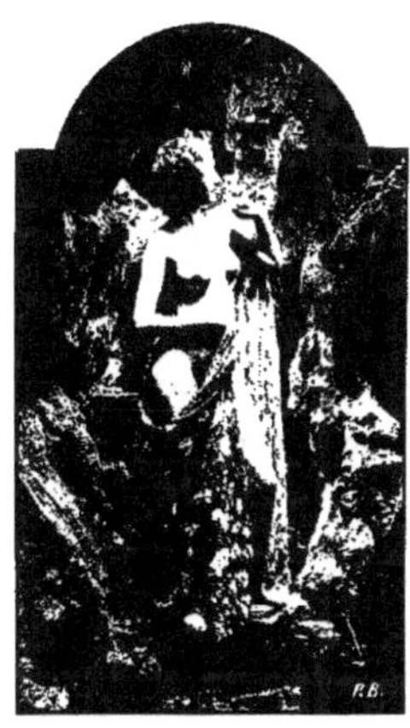

En publiant cette petite étude dont divers fragments ont déjà paru dans des journaux de Photographie, nous n'avons pas la prétention de poser des règles d'esthétique, ni même d'indiquer les moyens certains d'arriver à la production d'une image d'art dans un genre spécial et déterminé : « Le Nu et le Drapé en plein air ».

Notre but est d'autant plus modeste que nous ne considérons nos travaux que comme des essais, des tâtonnements, un acheminement vers un idéal plus complet et plus élevé, vers l'œuvre ayant toutes les qualités désirables de personnalité, de composition, de mouvement et d'harmonie.

L'asservissement des procédés mécaniques de la photographie à la volonté du photographe artiste, sachant le métier, ne nous paraît pas chose impossible. Déjà le choix de l'objectif, le temps de pose, les différents modes de développement, l'emploi des agrandissements, les moyens variés de tirage, offrent de précieuses ressources dans l'interprétation d'un sujet et sa traduction en une épreuve photographique.

S'il est une invention qui a tenu plus que ses promesses, dont les miraculeux résultats provoquent l'étonnement et l'admiration, c'est bien la photographie.

Nous sommes trop ses fervents pour croire un instant qu'elle soit arrivée à sa perfection dernière. Elle nous parait être au contraire dans sa période de jeunesse et de croissance, et pour l'avenir notre confiance est illimitée.

La « Figure en plein air » est un sujet complexe, susceptible de subdivisions nombreuses, et qui rentre dans l'étude du paysage animé et du portrait. Tous les photographes en font, sinon au point de vue artistique, du moins au point de vue document.

Si nous nous occupons ici particulièrement de la Figure nue et de la Figure drapée en plein air, c'est que la spécialité de ce sujet un

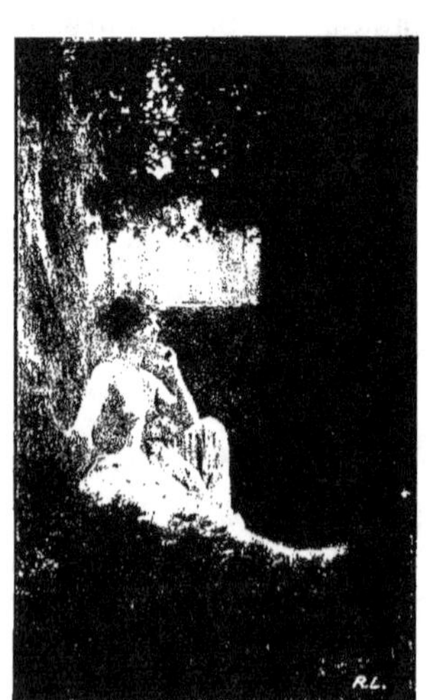

peu hardi n'a pas été, croyons-nous, traitée encore ; c'est que nous serions heureux d'aider la Photographie, par nos modestes travaux, à agrandir son champ d'opérations et à pénétrer dans le domaine réservé jusqu'à présent au dessin et à la peinture ; c'est aussi que la Figure nue, comme la Figure drapée, pour qui veut s'occuper d'Art photographique, peut servir d'étude primordiale à toute composition en plein air dans laquelle le paysage ne doit être qu'un milieu, un décor destiné à faire valoir un ou plusieurs personnages.

L'Individu est la base de l'art ;
ainsi considéré, il ne porte ni pantalon,
ni jupe, ni maillot, cette singerie du
nu, et dans la perfection des proportions
et des couleurs, il se poétise lui-même
et devient alors esthétique.

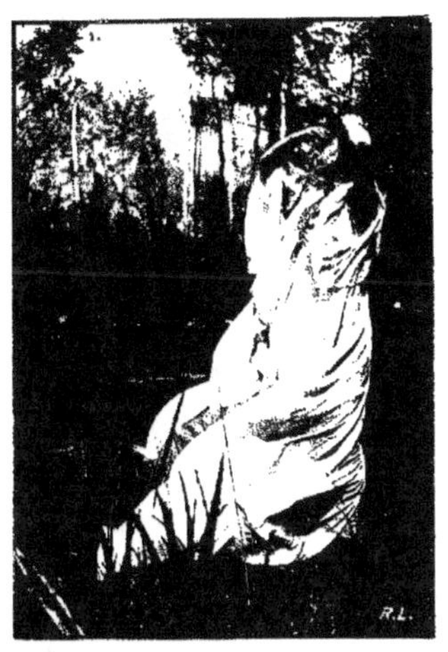

Le beau s'impose à tout œil artiste
en dehors de toute notion de morale
ou de pudeur par l'heureux accord des
lignes, du milieu et des valeurs, et plus
cet harmonieux ensemble se rapproche
de l'idéale perfection, plus disparait
toute idée d'animalité sensuelle.

Il ne faudrait pas croire que cette harmonie tant recherchée
des artistes peintres et sculpteurs, qui peuvent à leur guise modifier
le modèle, soit obtenue à l'aide de fraudes anatomiques. Les statues
antiques qui restent pour notre Art moderne le *canon* des proportions, nous offrent des spécimens de créatures humaines parfaitement
constituées et ayant pu vivre.

Leur idéalisation ne vient pas d'accrocs à la nature. Les anciens
la copiaient sur des modèles choisis et l'interprétaient suivant les
traditions d'une esthétique qui est encore la nôtre, et qui ne modifie
pas l'individu au point d'en faire un être de fantaisie ou de rêve.

De même, l'objectif copiera le modèle : puis l'artiste photographe,
par les ressources que lui offrent les moyens actuels, traduira et
interprétera même, autant que possible, ce que lui aura donné
l'objectif, c'est-à-dire le cliché, qui n'est qu'un des éléments servant
à produire l'image.

Si le peintre peut tout modifier, sans aucun doute le photographe
ne le peut pas. Les difficultés pour interpréter le tableau vivant
photographié seront nombreuses, elles ne seront pas insurmontables.

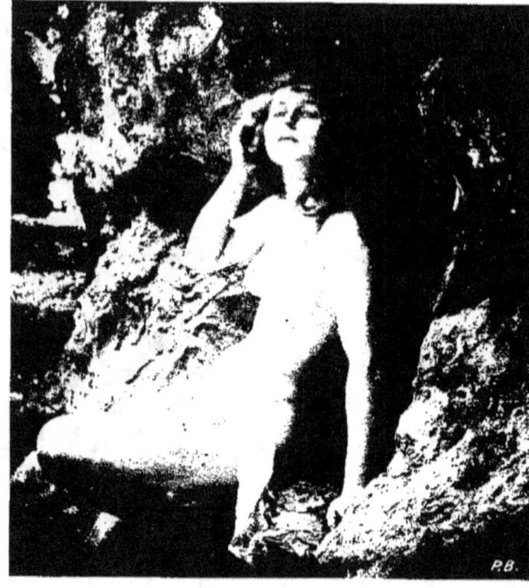

surtout si, dans la première opération, — la composition du sujet, — il a mis toute sa personnelle manière et son intime compréhension d'art.

Le nu traité par la photographie, malgré l'allure scabreuse qu'il peut prendre entre des mains inexpérimentées, ne nous paraît donc pas impossible (1).

Mais ici, plus encore que dans les autres branches de l'art photographique, nous pensons que l'étude générale de l'Esthétique est la préparation indispensable à tout travail d'Art.

(1) A ce propos, nous croyons qu'on doit proscrire en principe l'Illustration par la Photographie d'ouvrages légers ou audacieux, même s'ils sont d'un caractère vraiment artistique. Le nu photographique, par ce fait qu'il est brutalement la reproduction d'un être vivant, évoque une idée de matérialité autrement intense que le nu en peinture ou en sculpture, et l'on ne devra choisir, pour les illustrer photographiquement, — ceci est vrai d'une façon absolument générale, — que des sujets élevés, d'où la note matérielle soit absente.

Il faut ajouter que l'artiste photographe peut, par le sentiment dans lequel il composera son tableau, par le choix du modèle, par un certain flou dans la mise au point, atténuer et même faire disparaître cette impression de matérialité. Les modèles sveltes, élégants et jeunes sont à recommander en ce sens ; les natures plantureuses donneront bien rarement de bons résultats.

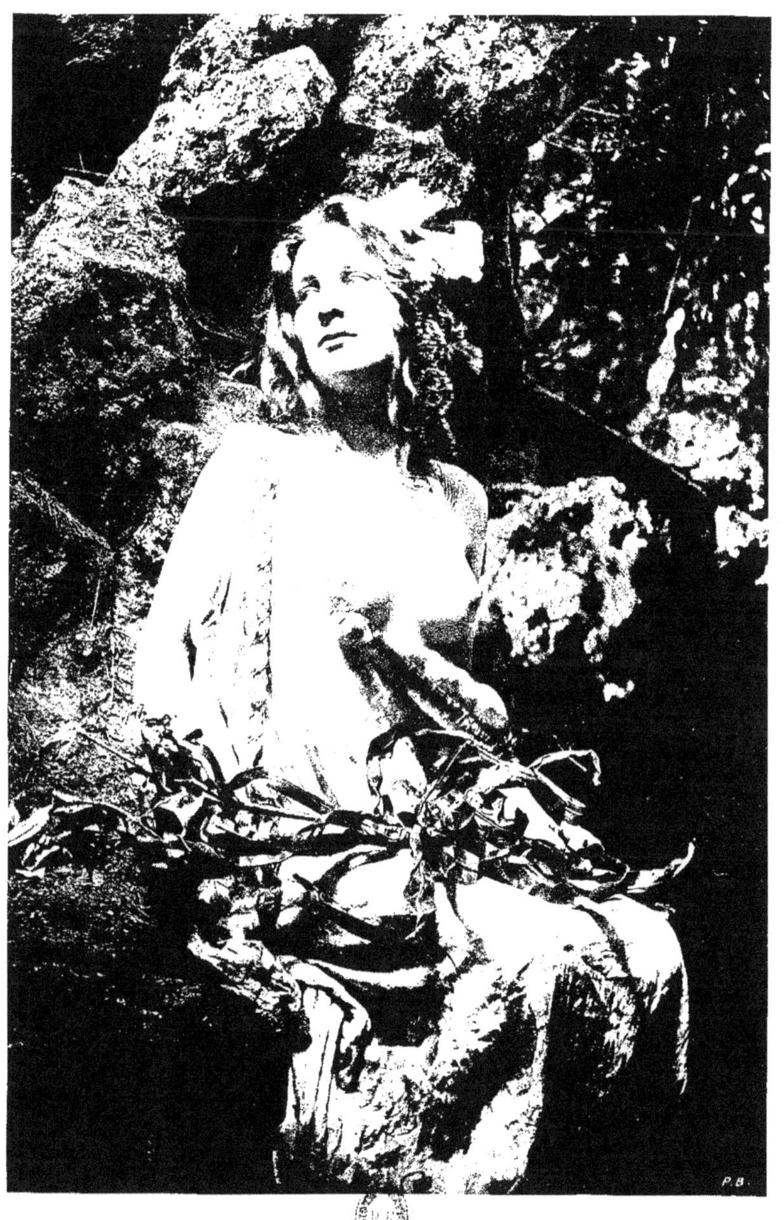

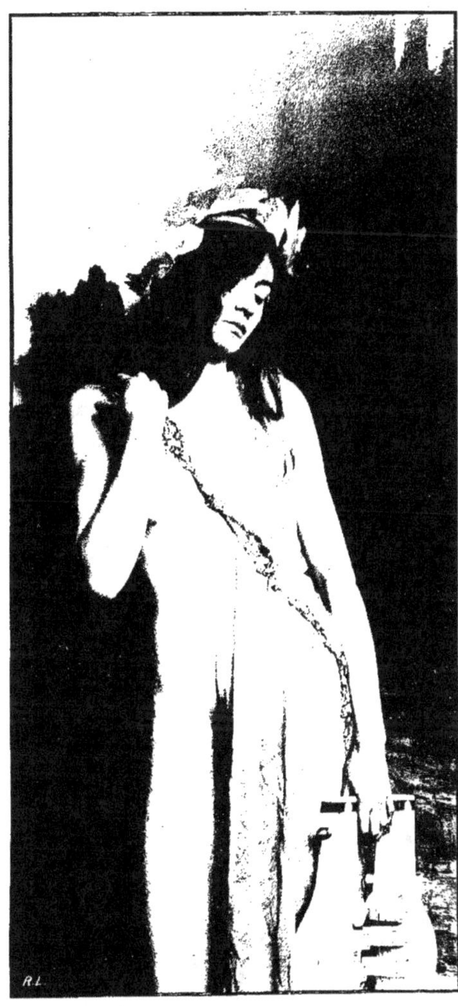

Après avoir fait dans des ateliers des études de dessin et de peinture, on aura acquis une éducation de l'œil qui permettra d'aborder avec beaucoup plus de chances de succès les difficultés spéciales de l'Art photographique. Cette préparation peut paraître bizarre à bien des amateurs qui, obtenant facilement d'excellents clichés et des épreuves chimiquement superbes, pensent avoir tout obtenu et ne voient rien autre à demander au procédé photographique.

Pour nous, si rarement satisfaits de nos œuvres, et cherchant toujours le mieux, nous ne doutons pas qu'il faille en trouver les éléments, au moins en partie, en dehors des manipulations chimiques (1).

(1) C'est du reste l'avis d'un savant illustre, M. Janssen, qui disait, à l'issue du Congrès de 1889 : « La Photographie donnera naissance à une École d'art, comme le dessin, comme la peinture, la fresque et l'huile. Ce que je conseillerais de faire, ce serait précisément de constituer cette École d'art photographique. Mais on n'arrivera à rien dans cette direction, si l'on ne donne pas d'abord aux élèves des notions de dessin et de peinture. Il ne faut aborder la chambre noire que lorsqu'on a un sentiment esthétique développé. »

Abordons maintenant notre sujet d'une façon pratique ; et, étant donnée une étude de nu ou de drapé en plein air, examinons la suite des opérations.

Choix de l'appareil

Nous n'avons pas, dans cette étude, à parler en détail du choix de l'appareil.

Il est évident que si, à l'atelier, on a parfois profit à se servir de bons gros vieux objectifs achetés dix francs chez le brocanteur, qui donnent des images joliment floues, on doit, en plein air, être armé d'un appareil portatif et rapide. Portatif, mais d'un certain format. Nous ne sommes nullement partisans, pour le sujet qui nous occupe, pour toute tentative d'Art photographique même, des trop petits appareils : non seulement la petitesse du cliché rend le développement forcément mécanique, mais l'image est si exiguë qu'il est difficile d'en distinguer les détails, d'apercevoir la composition, la valeur des tons et des lignes.

Certes, on pourra obtenir un négatif agrandi par les procédés connus ; mais nous croyons préférable de ne pas se servir de plaques inférieures à la dimension 8 × 9, et l'on fera bien, quand on le pourra, de prendre des appareils du format 9 × 12 et 13 × 18. Les agrandissements n'en seront que meilleurs et les tentatives d'interprétation plus aisées.

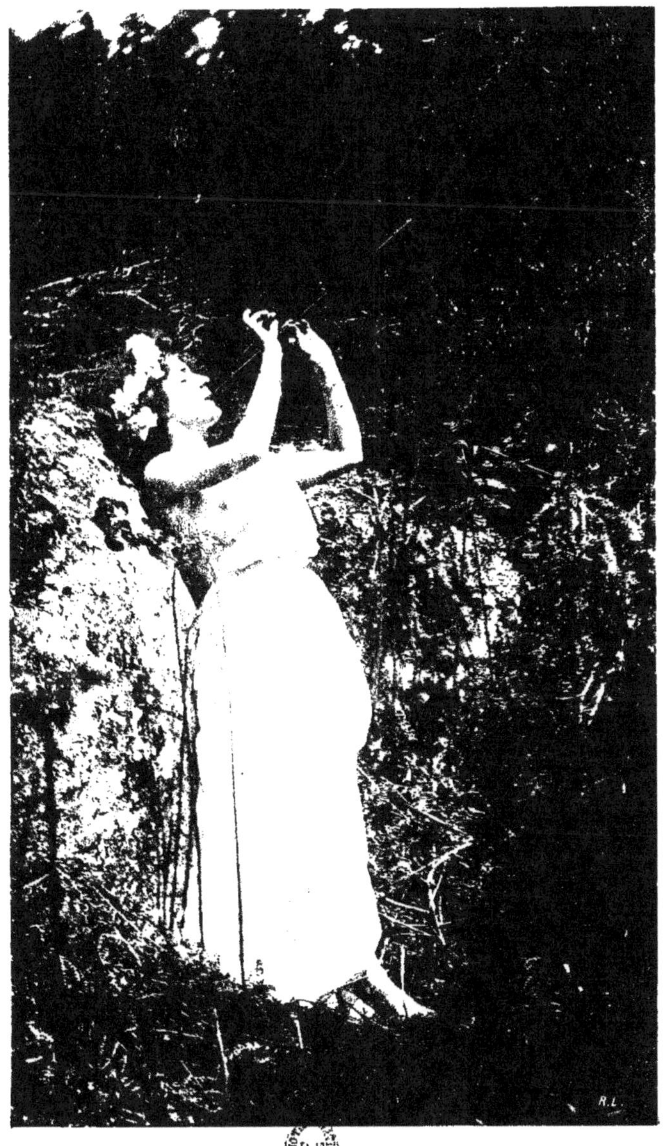

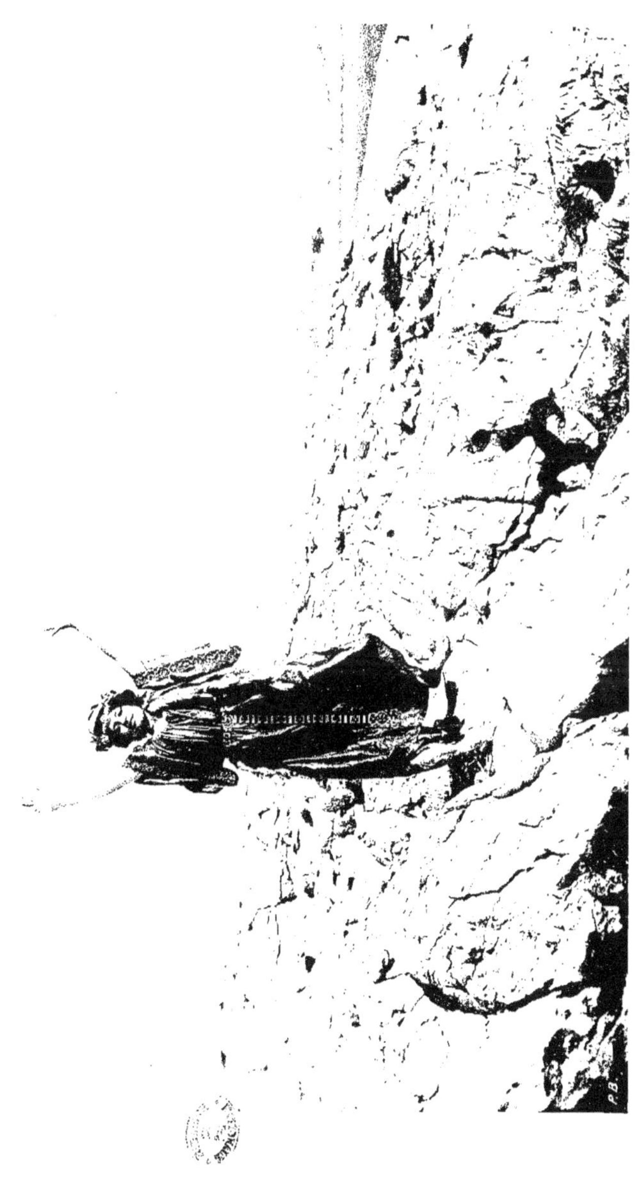

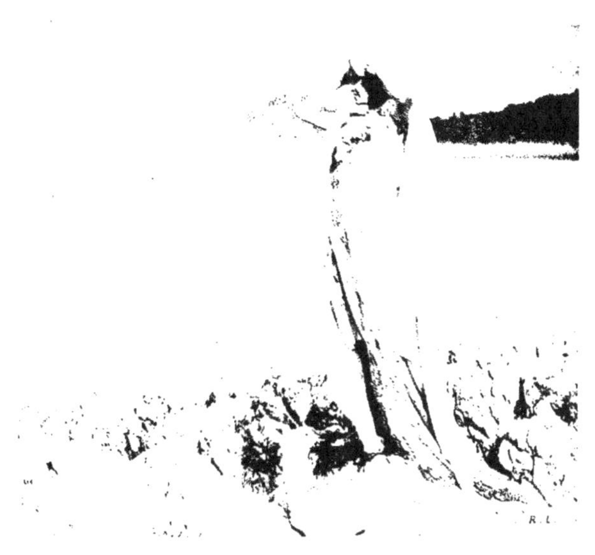

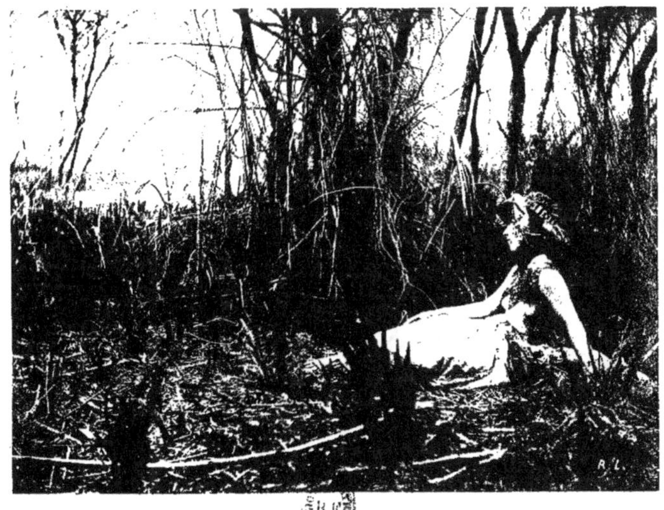

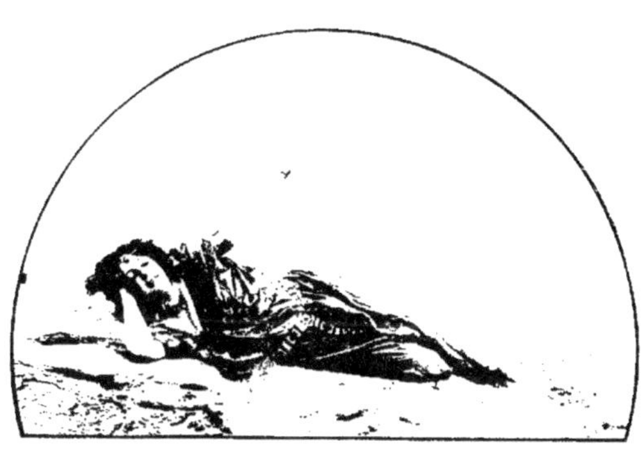

On réglera l'objectif et on choisira un diaphragme de façon à ce que, autant que possible, les plans n'aient pas une égale valeur, la netteté, la précision du lointain nuisant déplorablement à la figure principale et lui enlevant de l'intérêt et de l'importance.

Choix du modèle

On choisira le modèle possédant autant que possible l'harmonie individuelle, la solidité, l'élégance, la grâce, sinon la vraie beauté, qui est rare. La perfection des détails devra être sacrifiée au besoin à l'ensemble, à la régularité des proportions, au caractère.

Les tailles élancées et élevées sont plus élégantes, mais les individus petits, s'ils sont sveltes et bien proportionnés, ne donnent pas l'impression de la petitesse. Dans le drapé, du reste, il est facile de les grandir par des combinaisons d'étoffes (1).

(1) Voir, comme complément, la fin de la note. Page 12.

Chaque modèle demande à être étudié avec soin, détaillé, afin d'en bien connaître les défauts et les qualités, d'en noter l'allure, le caractère particulier. Cela servira pour trouver un sujet, un costume, une pose.

Quelques essais préalables à l'atelier sont utiles pour les visages, dont les uns, quoique jolis, viennent plus mal que d'autres d'aspect plutôt ordinaire.

Parmi les nombreuses jeunes filles qui posent à Paris, depuis que les modèles italiens, avec juste raison, n'y sont plus goûtés, on peut se procurer, sans trop de difficultés, des modèles très suffisants; les modèles hommes, s'il en est besoin, sont encore plus faciles à trouver.

Le modèle de profession a de nombreux avantages, celui notamment de chercher et de donner de lui-même des poses esthétiques qui lui auront été indiquées dans les ateliers : mais le modèle d'occasion, bien dressé par l'artiste, peut être utilisé et trouver des poses non convention-nelles.

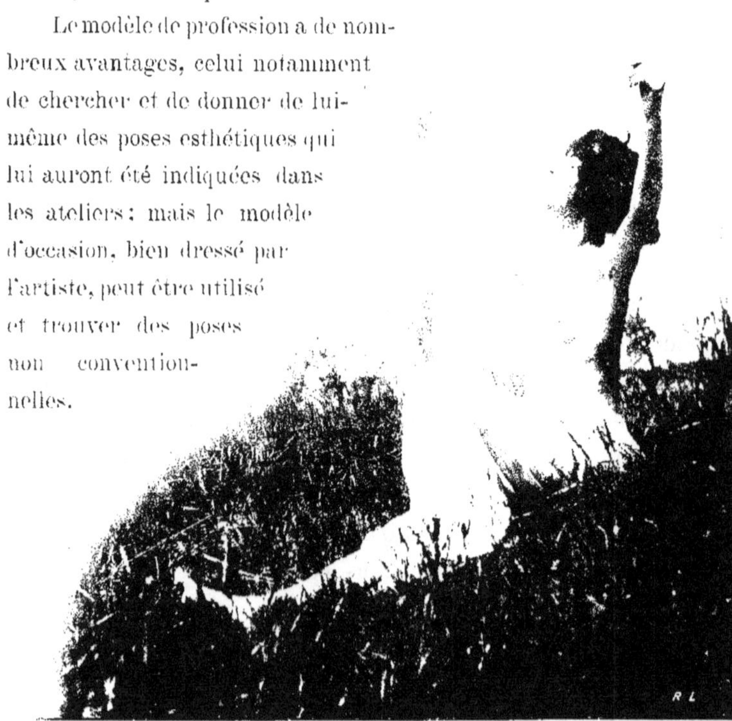

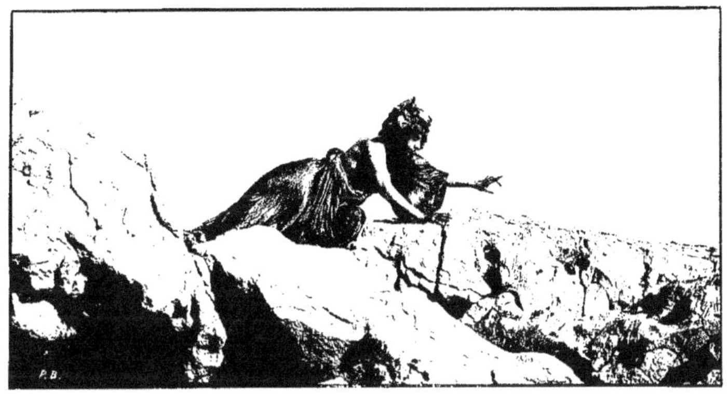

Choix du décor

L'expérience nous a montré qu'il n'est pas toujours aisé de rencontrer un paysage intéressant dans lequel on puisse opérer en toute liberté.

Ce n'est pas qu'il faille absolument de la grande nature et de vastes horizons. Un coin de jardin peut servir. Mais, pour éviter la monotonie, il faut souvent changer de milieu, varier les paysages, voyager et pouvoir opérer à l'abri des gêneurs et de l'intempestive apparition du garde champêtre.

Les rivages de la mer, la montagne, la forêt offrent une variété de décors à l'infini et une solitude suffisante.

Quand on aura trouvé un décor, on l'étudiera comme le modèle, et pour le modèle, afin d'harmoniser ces deux éléments de l'œuvre définitive.

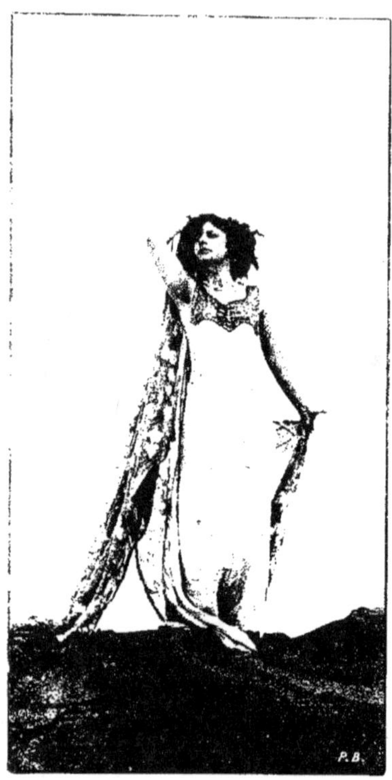

La plaque sensible, employée en plein air, est loin de donner l'exactitude des valeurs. Pour le modèle, on peut remédier à cet inconvénient par l'éclairage, les reflets, la couleur des draperies.

On ne peut changer le décor ni varier son éclairage. Il faudra donc attendre un moment favorable, essayer les vues de biais ou à contre-jour. De plus, l'usage des plaques orthochromatiques pourra rendre souvent de grands services. N'oublions pas, du reste, que le paysage, quoique très important, ne sert qu'à accompagner la figure, à la faire valoir, à la faire comprendre. Il reste au deuxième plan et doit être plutôt vague que trop précis, par rapport au sujet principal. S'il prenait trop d'importance, l'intérêt du tableau se trouverait partagé, ou même la figure passerait au deuxième plan : ce ne serait plus une étude de figure en plein air, mais un paysage animé par une figure, ce qui n'est pas la même chose.

C'est ainsi que les ciels, toujours si importants dans le paysage, pourront souvent être négligés. L'état de l'atmosphère et l'heure du jour devront être considérés surtout au point de vue lumière, pour les bonnes dispositions des plans, la mise en valeur du modèle et la venue des demi-teintes.

Parfois des murs blancs, le reflet des eaux ou du sable serviront d'écran pour éclaircir les ombres : parfois un éclairage de biais donnera du relief et de la profondeur, un nuage qui passe adoucira des coins trop lumineux ou un rayon de soleil égaiera des profondeurs trop sombres.

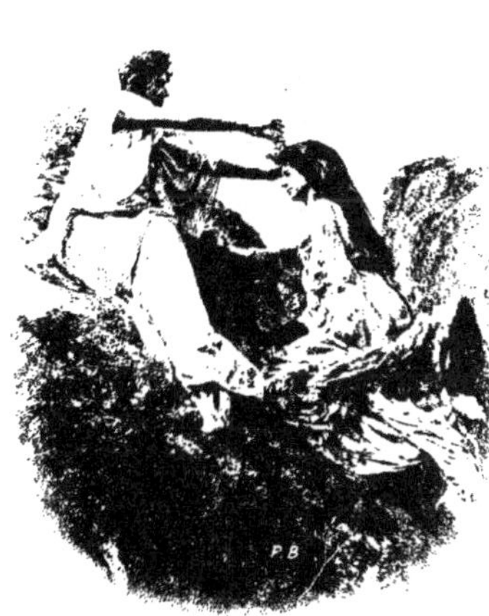

Le sujet

Dans une simple étude, l'idée du sujet est sans importance : la façon dont elle sera rendue sera tout.

Elle peut naître de la mise en valeur d'un mouvement, d'une expression, d'un visage ou d'une plastique, de l'utilisation d'un costume ou d'un milieu.

Le hasard, à qui l'on ne doit rien laisser dans

un tableau, peut, maître l'idée ; dèle, sans cher, trou jet, ou don attitude Pour dans une étude, faire souvent le mo- même le cher- vera un su- nera une heureuse. ces études,

il n'est guère nécessaire d'avoir des costumes compliqués, un long et large morceau d'étoffe, drapé sur le modèle, nu en dessous, afin de conserver l'aisance aux mouvements et de laisser deviner les formes du corps, suffit presque à tous les besoins.

On peut aussi habiller le modèle de larges et longues robes légères, plissées à l'antique, ou ouvertes sur le côté. Quelques préalables essais à l'atelier, sur le mannequin ou sur le modèle vivant, donneront à l'artiste le tour de main nécessaire pour draper vite et bien.

Les étoffes mates donnent l'épaisseur, le relief, l'ampleur ; les étoffes luisantes donnent la légèreté ; les étoffes transparentes, telles que les gazes de soie, sont aussi très recommandables.

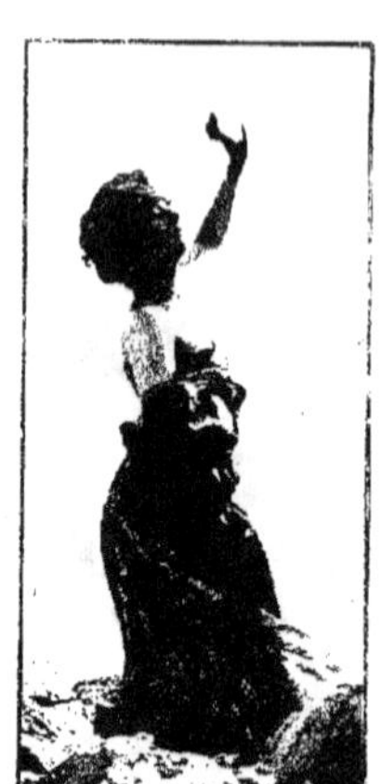

On étudiera la blanc pur étant rare monie des effets et des un emploi judicieux étoffes luisantes, choi priées à l'effet qu'on lumière et le décor du valeur des teintes, le ment employé ; l'har- tons s'obtiendra par des étoffes mates et des sies de teintes appro- veut obtenir dans la moment (1).

(1) Pour ce qui est relatif l'Annuaire général de la téressant article de M. Puyo, au « Costume », lire dans *Photographie de 1897*, l'in- intitulé: «Costumes d'atelier.»

Nous voici donc dans le lieu choisi, à l'heure propice, l'appareil est armé, le modèle est prêt; comment allons-nous opérer?

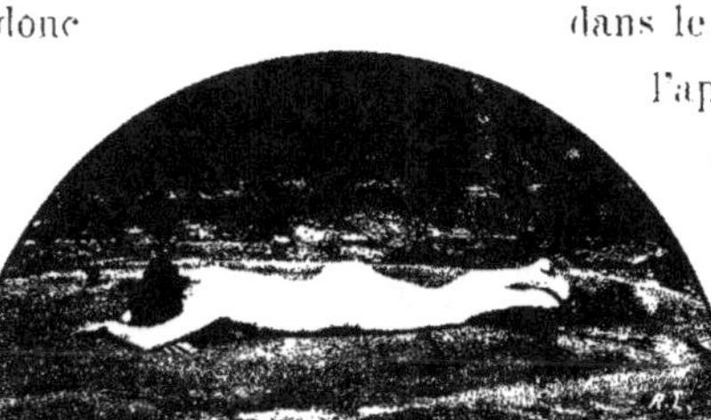

Nous pouvons ou agir comme à l'atelier, c'est-à-dire étudier avec soin la pose, le geste, les plis du costume, façon de procéder recommandée dans le nu, dans les tableaux à sujets arrêtés d'avance, dans les scènes à plusieurs personnages, ou nous servir de la méthode des mouvements lents et suspendus.

Pour une étude, une étude drapée surtout, nous préférons ce système, qui donne l'animation par des mouvements justes et naturels. On laissera le modèle évoluer suivant l'idée qu'on lui enseignera, parfois même à sa fantaisie. La scène sera au besoin préparée, mimée, répétée; l'opérateur, attentif, l'appareil en main, suivra le modèle, l'épiera, et aussitôt que se produiront une jolie attitude, une heureuse disposition d'éclairage, de pose ou de costume, il fera retenir ou suspendre le geste, et prendra un, deux ou même plusieurs clichés, si cela en vaut la peine, car il est des arrangements qu'on ne retrouve pas. Cette façon de procéder donne la variété et le naturel dans les poses. Tous ceux qui ont fréquenté les Académies de peinture ont été témoins du fait suivant: le modèle monte sur la table, on lui indique des poses à prendre, des mouvements très divers, on le met de dos, de côté, de face, on essaye de l'asseoir, de le coucher, on n'arrive pas à un résultat satisfaisant. Puis, tout à

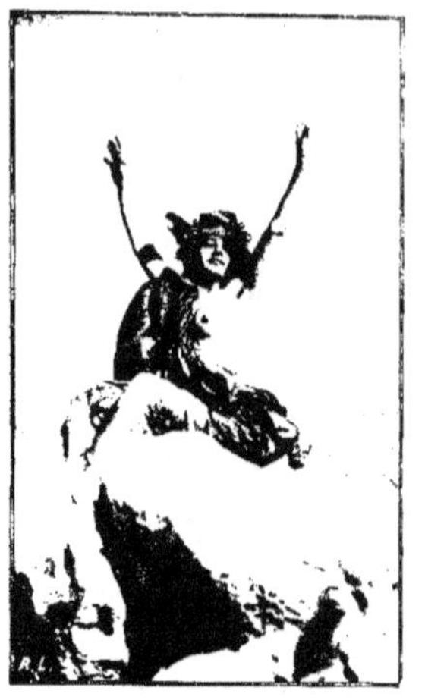

coup, le modèle, en se relevant, en se retournant ou en descendant, prend de lui-même, et sans la chercher, une attitude qui, étant nouvelle et naturelle, contente tout le monde. Dans les académies, le modèle, devant rester trois quarts d'heure immobile, ne pourra pas garder la pose ainsi trouvée, mais la rapidité de l'appareil photographique rend le système très utilisable, et même avec l'instantané, on n'aura pas à craindre, par l'emploi des mouvements lents et suspendus, les bizarreries que donnent parfois les mouvements rapides. L'usage de l'instantané permet de plus à l'opérateur de suivre, l'appareil en main, le modèle dans toutes ses évolutions : et nous pensons qu'on devra s'en servir toutes les fois que la lumière le permettra. Lorsque cela sera impossible, le modèle, tout en restant dans le champ de l'objectif fixe, pourra évoluer, et, au moment choisi, suspendre complètement son mouvement, pendant le temps nécessaire à la pose.

Un exemple des plus simples donnera une idée de cette méthode.

Dans une anfractuosité de rochers, à l'entrée d'une grotte, à marée basse, on a choisi un endroit solitaire et pittoresque. La grotte s'enfonce, sombre, dans les flancs de la falaise, des rochers amoncelés forment des plans intéressants. Au premier plan, que le soleil éclaire avec intensité, une mare profonde, limpide, reflète comme un miroir.

Le décor est complet ainsi. L'œil au viseur, on trouvera facilement le point de vue le plus favorable et la partie du décor qu'il est préférable de prendre. Trop de recul, et la figure disparaitra dans le paysage : si l'on opère de trop près, la figure pourra manquer d'air et de décor ambiant.

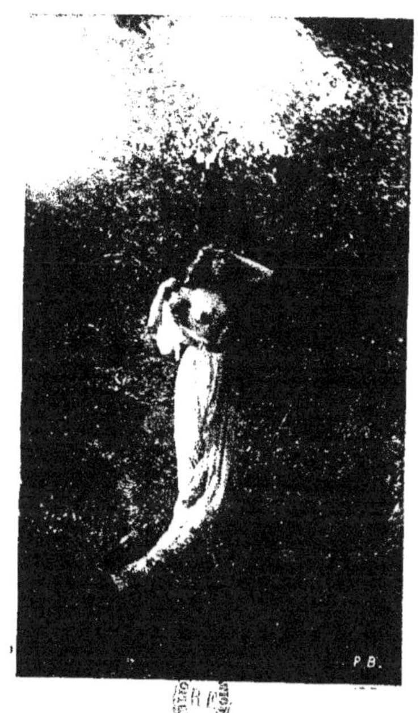
P. B.

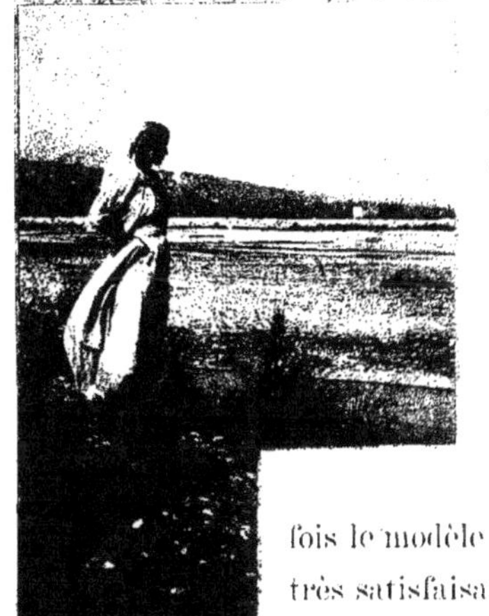

Ce point de vue, d'où l'on devra opérer, variera avec chaque sujet et ce n'est que par un coup d'œil exercé qu'on arrivera à le trouver rapidement.

Il se peut d'ailleurs qu'après s'être placé à un endroit pour photographier le décor, on soit amené à en chercher un autre, une fois le modèle posé. Cela tient à ce que l'éclairage, très satisfaisant pour le décor, peut ne pas l'être pour le modèle. Nous supposons dans notre exemple l'opérateur faisant face au sujet et la lumière à droite. Cela nous permet de poser notre modèle à notre guise. Nous l'amenons donc à l'endroit choisi, près de la mare. Si nous le plaçons au soleil, il va faire tache blanche sur le fond sombre, si nous le mettons au fond, il faudra une pose relativement longue. Usons donc des écrans naturels que nous offre ici la nature en abondance, tels que le sable, l'eau, le ciel, posons notre modèle au bord de l'eau, à l'ombre, mais près du soleil ; la réverbération l'enveloppe d'une lumière douce qui nous permet l'instantané et nous donne tous les détails désirables.

Avec l'instantané nous aurons peut-être peu de détails dans le fond de la grotte, mais il n'y a pas lieu de le regretter, la figure principale qui doit être mise en relief par tous les moyens possibles n'en ressortira que mieux. Il nous faudra même certainement, dans le développement du cliché, arriver à atténuer la trop grande intensité lumineuse du premier plan inondé de soleil, intensité qui pourrait nuire à la figure principale.

Voici donc trouvés le décor et la place du modèle : reste la pose. Dans un milieu pareil, un sujet vient de suite à l'esprit : « Une femme au bain », si le modèle est apte à tenir ce rôle. Nous pouvons essayer la méthode indiquée plus haut, laisser le modèle agir à l'endroit choisi, absolument comme si, seul, il allait se baigner.

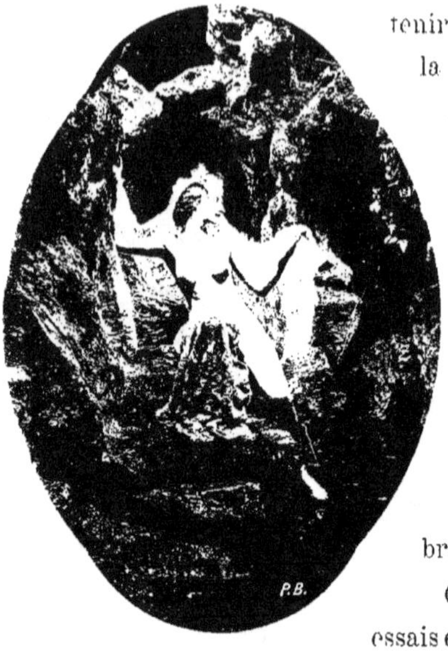

Il se peut très bien que le modèle donne de suite une pose naturelle et jolie. L'opérateur qui suit tous ses mouvements l'arrêtera et le fixera au moment voulu ; il rectifiera le pli d'une étoffe, le geste d'un bras, si cela est nécessaire.

On devra souvent faire plusieurs essais et il est même bon, si l'on n'arrive à rien, de laisser le modèle un moment tranquille, libre de ses mouvements. Abandonné à lui-même, il prendra des poses intéressantes, qui pourront être photographiées, quoique n'étant pas celles primitivement cherchées. L'opérateur doit toujours suivre des yeux son modèle, l'appareil en main, et ne pas laisser passer, sans crier le fameux « ne bougeons plus », une attitude de hasard, heureuse et naturelle. Il se peut très bien que notre modèle, gauche ou intimidé, n'arrive pas de lui-même à trouver cette pose de femme entrant dans l'eau, que nous cherchons. Il n'y aura plus qu'à agir comme à l'atelier, et à le poser en étudiant chaque geste et chaque pli d'étoffe. Il est bien rare qu'un modèle bien choisi n'arrive pas à donner quelque chose : s'il est réfractaire au sujet que l'on avait en vue, on en cherchera un autre, et, dans le décor que nous avons choisi, les motifs abondent.

Il faudrait sans doute que le physique du modèle fût bien

parfait, ou que la pose lui fût bien avantageuse pour tenter le nu absolu : une draperie légère sera de grande utilité ; elle permettra d'obtenir l'équilibre du personnage, de le grandir, de le faire valoir, de le mettre en valeur en masquant les côtés défectueux. L'artiste peintre, pouvant modifier à son aise ses primitives esquisses quand il peint son tableau, n'a pas à se préoccuper outre mesure, quand il conçoit l'œuvre, de tous ces détails d'harmonie et de pose : il enlèvera, rajoutera, modifiera ses projets, fera des essais à sa guise : l'artiste photographe est tenu de faire définitivement tout ce travail au moment même où il campe le modèle, la plaque sensible ne pouvant subir des modifications radicales. Quoique le cliché ne soit qu'un des éléments qui servent à produire l'image, il faut pourtant que le tableau, à l'instant où l'objectif va le fixer, soit assez bien conçu et étudié dans ses détails, pour qu'on puisse plus tard en tirer une épreuve artistique.

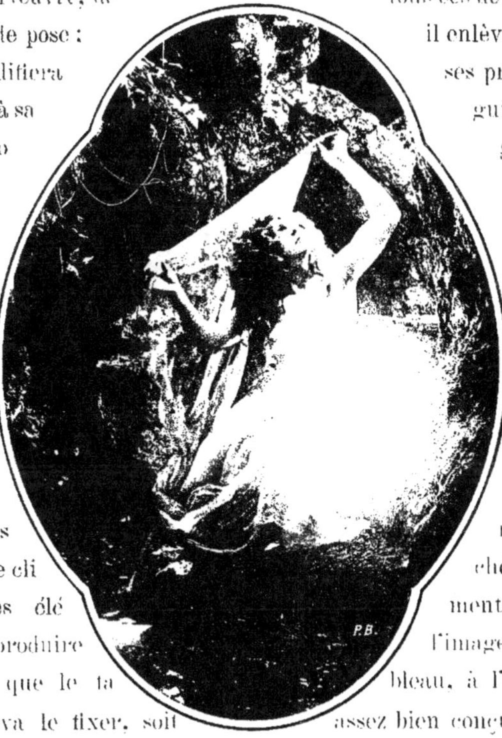

C'est là une des difficultés spéciales à la photographie, et elle devient très grande dans les compositions à plusieurs personnages. Le hasard donne rarement dans ce cas d'heureuses combinaisons.

Il faudra agir comme à l'atelier, étudier pour chaque personnage la place qu'il doit occuper, la pose favorable, le costume avantageux. Les amateurs qui tenteront ces études feront bien de mettre à profit tout leur personnel sens artistique et leurs études esthétiques (1).

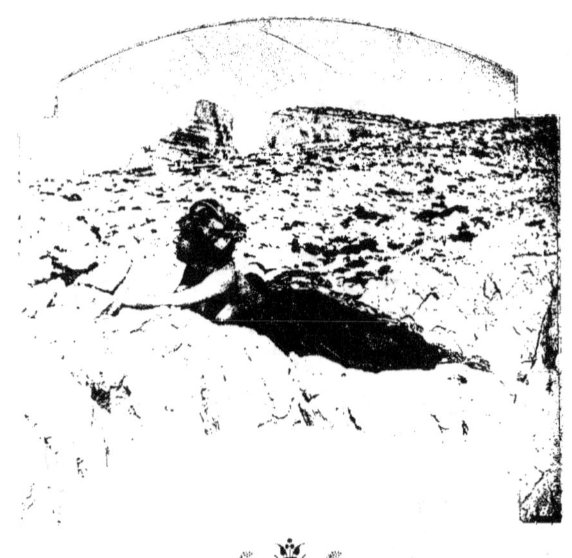

Le développement

Certes, tout ce travail en plein air est des plus importants, des plus intéressants : il est capital, il n'est pas tout.

Pour avoir un cliché permettant une impression artistique, il

(1) Ce serait sortir du travail que nous nous sommes tracé que de parler en détail du portrait en plein air ; il peut parfaitement être traité d'après la méthode que nous donnons. L'opérateur aura le souci de mettre en valeur surtout le visage, sur lequel tout l'intérêt doit se concentrer. Il ne devra pas négliger la question du costume, qui peut être très importante.

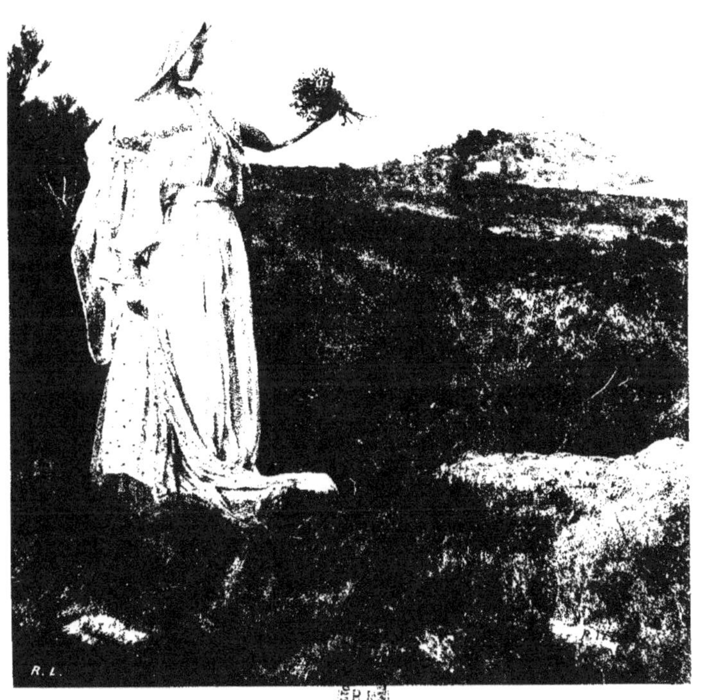

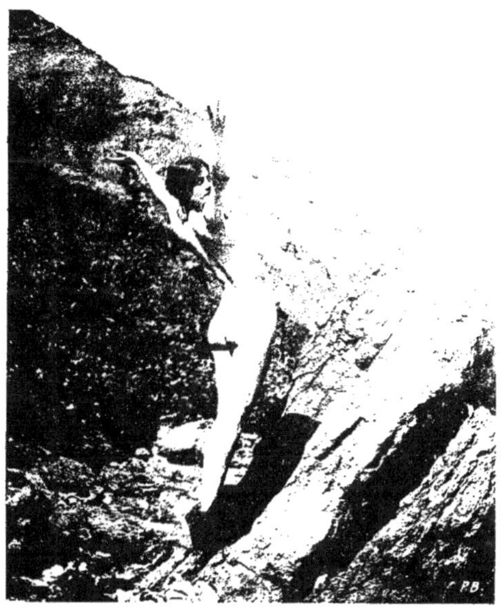

faut un développement approprié. En plein air, le cliché est impressionné tout autrement qu'à l'atelier. On devra donc choisir le développement, le combiner et le conduire en raison des éclairages du tableau et des temps de pose.

Nous n'avons pas à passer en revue l'interminable liste des développements, d'autant plus que le difficile n'est pas d'en trouver un bon, mais de savoir s'en servir, et nous conseillons, quand on aura choisi des plaques et des développements, de ne pas trop en changer.

Le paramidophénol et l'acide pyrogallique, quand on sait les manier, nous paraissent devoir suffire à tous les besoins.

L'opérateur qui en connaitra bien toutes les ressources et appliquera celles-ci avec discernement à tel ou tel cliché et non à tel autre, pourra obtenir l'effet qu'il cherche. Cette maitrise dans le développement est indispensable, non seulement pour les clichés

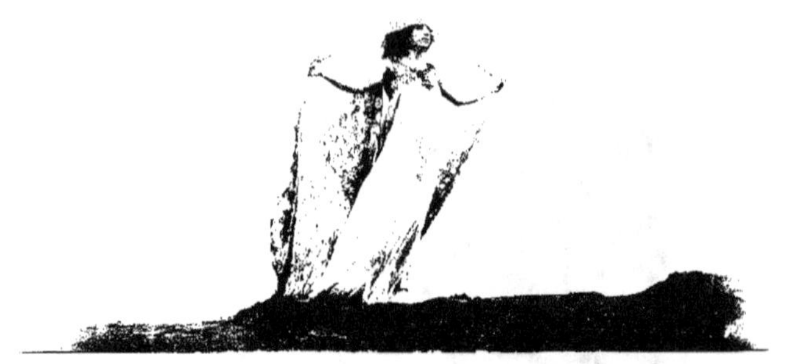

directs, mais pour toute la série des opérations que nécessitent soit l'agrandissement du cliché, soit son amélioration.

On sait qu'un cliché original peut par un jeu d'agrandissements, par des positifs obtenus par juxtaposition, ou par réduction, sur des plaques de marques différentes, subir de profondes modifications.

Ces modifications seront d'autant plus dociles à la volonté de l'opérateur qu'il connaitra mieux les ressources des plaques et du développement employés.

Le tirage

Le cliché original terminé, reste le tirage. Importante opération entre toutes, car d'elle dépend la production de l'image, qui est le résultat, le but cherché, la création réalisée.

Il faudra presque toujours user de l'agrandissement, soit pour la production directe de l'image agrandie, soit pour l'obtention d'un négatif agrandi qui servira à tirer des épreuves. Les avantages des agrandissements sont connus, nous n'avons pas à insister sur ce sujet.

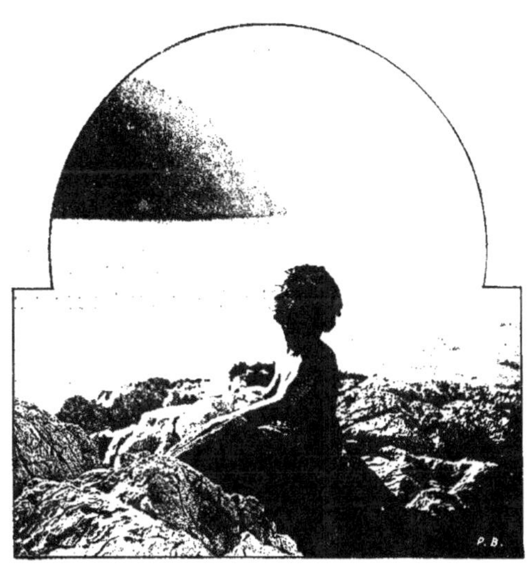

Bien souvent donc, c'est d'après un cliché agrandi qu'on aura à tirer les épreuves. Les papiers pour l'impression de ces épreuves deviennent de plus en plus nombreux : si nous disions qu'aucun ne nous donne une entière satisfaction, on pourrait nous trouver bien difficiles. C'est qu'aucun ne peut être indiqué comme le meilleur. Ils ont tous des avan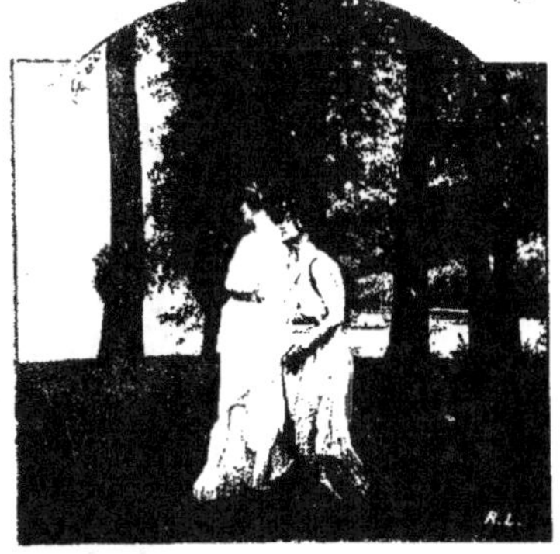tages et des inconvénients, et leuremploidoit varier suivant les clichés.

Les papiers albuminés, aristotypes, au citrate, au collodion, etc., donnent des images très fines : luisants ou mats, ils conservent à l'épreuve cet aspect « photographique » souvent désagréable. Ils peuvent être

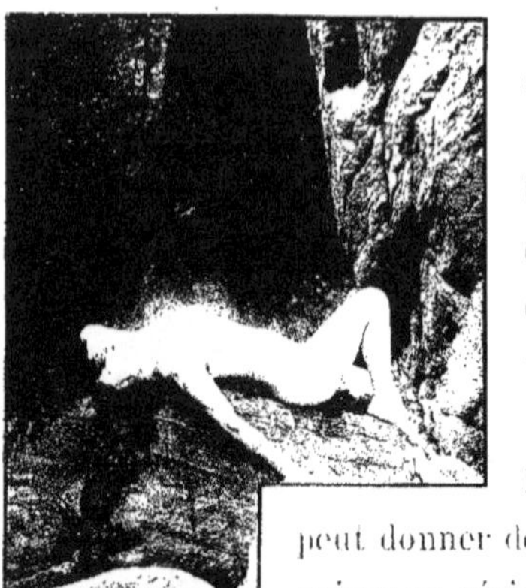

utilisés : mais ils feront bien plus souvent le bonheur des professionnels et des amateurs débutants, heureux d'obtenir facilement et en quantité des épreuves bien propres et bien nettes, que des artistes véritables.

Le papier au platine est froid. Il est pourtant recommandable et peut donner de très belles épreuves en teintes noires ou sépia.

Les papiers au gélatino-bromure d'argent ont des avantages nombreux. Ils se prêtent aux agrandissements directs, aux manipulations intelligentes dans le développement ; leur teinte désagréable, grise et plate, peut être modifiée dans des bains divers. On en tirera souvent de bons effets.

Les papiers au charbon, avec leurs gammes de teintes, leur finesse, leur inaltérabilité, sont des plus recommandables et, pour les études agrandies faites en plein air, ils sont précieux.

Enfin, avec l'héliogravure qui donne des reproductions très artistiques, et la photocollographie dont le tirage demande beaucoup de soins, il y a encore le procédé à la gomme bichromatée, fort à la mode en ce moment. Il a des avantages uniques. Il permet une interprétation personnelle de l'image, une retouche souple, intelligente, importante ou légère ; il laisse à l'artiste le choix du papier et

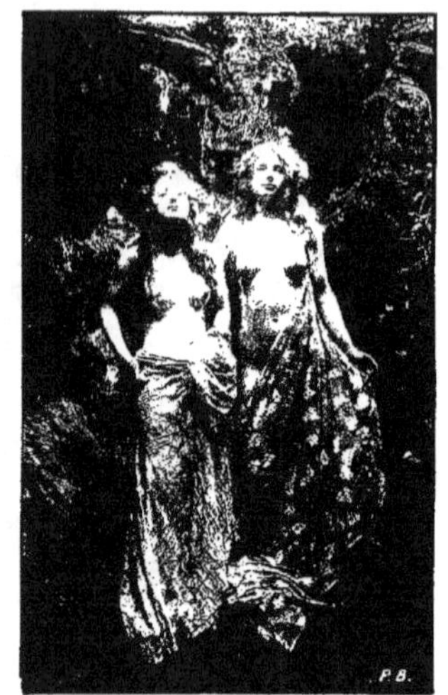

de la couleur qu'aucun produit chimique ne vient modifier dans le développement. Les résultats sont très particuliers et d'un effet artistique certain. D'une manipulation déjà délicate dans les études faites à l'atelier, il l'est plus encore dans le sujet qui nous occupe et ne sera tenté avec succès que pour des clichés un peu grands.

Les fonds peints et les images rapportées

Nous pensons inutile d'affirmer notre aversion pour les images faites à l'atelier avec des fonds peints ayant la prétention de remplacer le plein air. Qu'un enfant se fasse photographier chez un professionnel en costume de pêche, les jambes et les pieds nus, un filet à crevettes à la main, devant une toile représentant l'Océan, dont les vagues viennent, à ras du sol, s'arrêter nettement devant un superbe tapis à fleurs, ou même devant une toile peinte couleur sable, nous n'y voyons pas d'inconvénients. Ce portrait pourra être pour la famille extrêmement intéressant. Il pourra être fort ressemblant, finement modelé et présenter tous les attraits d'une bonne épreuve photographique, mais ce ne sera jamais une image d'art. L'esthétique qu'il révèle s'éloigne tellement de notre but qu'il n'y a même pas lieu de discuter.

En plein air la lumière est tout autre qu'à l'atelier; de plus, un fond peint, fût-il peint par un maitre de la peinture, remplacera difficilement la nature. Si le photographe se sert à l'atelier d'un fond peint dans le but de faire valoir la Figure, alors la question est autre; mais le fond forcément sera neutre, de teinte foncée ou claire mais sans dessin précis.

Dans la pratique, nous avons obtenu, surtout avec le procédé à la gomme, des épreuves qui, bien que faites à l'atelier, donnaient l'illusion du plein air (1); et, réciproquement, certaines images prises en plein air ont pu donner l'impression d'études faites dans un intérieur. Cela vient de ce qu'il nous a été possible d'opérer dans des endroits en partie clos, où la lumière baignait le modèle comme dans un atelier; et que nous nous servons parfois à l'atelier d'un fond d'arbres très sombre, n'ayant aucune prétention au paysage, mais pouvant donner, avec un certain éclairage, une illusion de plein air à des yeux non exercés.

C'est là une exception qui confirme la règle qui nous a toujours guidés, de ne se servir que de fonds vrais.

Si nous ne proscrivons pas absolument le truc, assez répandu en Angleterre, qui consiste à rapporter dans un paysage vrai, une figure photographiée ailleurs, du moins pensons-nous qu'on ne doit le tenter qu'avec les plus grandes précautions, et dans les cas où la photographie directe aurait été impossible, comme pour les apparitions, les figures suspendues que peuvent nécessiter certaines illustrations (2).

Cette étude un peu spéciale de « Figure nue et de Figure drapée en plein air » n'a pas plus de prétention que pourrait en avoir une autre traitant du portrait ou du paysage, sujets courants.

Aux savantes dissertations de quelques-uns de nos collègues dans lesquelles nous avons puisé (3), nous avons joint nos per-

(1) Illustration de la page 15.

(2) Il nous a été donné de voir une image ainsi faite, d'un effet choquant, et dans laquelle la source de lumière était à droite pour le paysage, et à gauche pour le personnage.

(3) C. Puyo: Notes sur l'Art photographique. F. Dillaye: L'Art en photographie. Charles Blanc: L'Art de la Parure, etc., etc.

sonnelles expériences. Mais nous ne pensons pas du tout, surtout en l'état actuel de la photographie, à prendre la place du peintre ou du dessinateur, même pour les illustrations qui, par la photographie, seraient autre chose : parfois mieux, parfois plus mal que le dessin.

L'œuvre photographique diffère de l'œuvre peinte et nous ne saisissons pas bien pourquoi quelques artistes peintres qui professaient, avec raison, un profond mépris pour la vulgaire épreuve commerciale, deviennent, aujourd'hui que l'Art photographique prend sa place, s'affirme et grandit, agressifs et querelleurs. Ils n'ont vraiment pas la reconnaissance de l'objectif, dont les trois quarts se servent et avec profit. L'art n'est pas un monopole, et les œuvres peintes ne sont pas toutes et seules des choses d'art, parce qu'elles sont peintes. Une promenade dans nos expositions annuelles de peinture montre le néant de ces prétentions. On retrouve là, et en quantité, tous les défauts reprochés à la photographie : l'impersonnalité, la monotonie, l'inertie de l'idée, le manque de goût, la banalité, l'absence d'émotion et de sincérité. Et pourtant les peintres n'ont pas comme nous des empêchements mécaniques : ils font leur métier d'artiste en pleine aisance ; ils travaillent la matière à leur idée, ils peuvent y mettre tout ce qu'ils sentent en eux-mêmes. D'où vient donc que si souvent ils n'y mettent rien ? C'est, croyons-nous bien, qu'en tout, l'art est chose rare, précieuse et difficile, et qu'on ne peut guère prétendre le débiter comme du ruban, sous prétexte qu'on en fait sa profession.

FIN

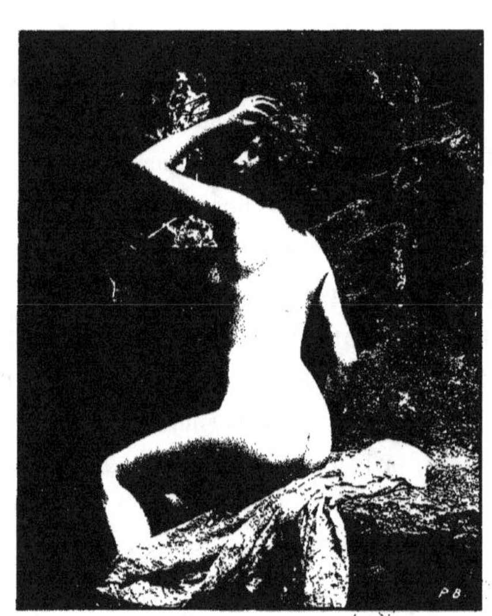